Pedro Calderón de la Barca

Las órdenes militares

Barcelona **2024**
Linkgua-ediciones.com

Créditos

Título original: Las órdenes militares.

© 2024, Red ediciones S.L.

e-mail: info@red-ediciones.com

Diseño de cubierta: Michel Mallard.

ISBN tapa dura: 978-84-1126-091-6.
ISBN rústica: 978-84-9816-802-0.
ISBN ebook: 978-84-9953-288-2.

Cualquier forma de reproducción, distribución, comunicación pública o transformación de esta obra solo puede ser realizada con la autorización de sus titulares, salvo excepción prevista por la ley. Diríjase a CEDRO (Centro Español de Derechos Reprográficos, www.cedro.org) si necesita fotocopiar, escanear o hacer copias digitales de algún fragmento de esta obra.

Sumario

Créditos _____ 4

Brevísima presentación _____ 7
   La vida _____ 7

Personajes _____ 8

Acto único _____ 9

Libros a la carta _____ 97

Brevísima presentación

La vida
Pedro Calderón de la Barca (Madrid, 1600-Madrid, 1681). España.
Su padre era noble y escribano en el consejo de hacienda del rey. Se educó en el colegio imperial de los jesuitas y más tarde entró en las universidades de Alcalá y Salamanca, aunque no se sabe si llegó a graduarse.
Tuvo una juventud turbulenta. Incluso se le acusa de la muerte de algunos de sus enemigos. En 1621 se negó a ser sacerdote, y poco después, en 1623, empezó a escribir y estrenar obras de teatro. Escribió más de ciento veinte, otra docena larga en colaboración y alrededor de setenta autos sacramentales. Sus primeros estrenos fueron en corrales.
Lope de Vega elogió sus obras, pero en 1629 dejaron de ser amigos tras un extraño incidente: un hermano de Calderón fue agredido y, éste al perseguir al atacante, entró en un convento donde vivía como monja la hija de Lope. Nadie sabe qué pasó.
Entre 1635 y 1637, Calderón de la Barca fue nombrado caballero de la Orden de Santiago. Por entonces publicó veinticuatro comedias en dos volúmenes y La vida es sueño (1636), su obra más célebre. En la década siguiente vivió en Cataluña y, entre 1640 y 1642, combatió con las tropas castellanas. Sin embargo, su salud se quebrantó y abandonó la vida militar.
Entre 1647 y 1649 la muerte de la reina y después la del príncipe heredero provocaron el cierre de los teatros, por lo que Calderón tuvo que limitarse a escribir autos sacramentales.
Calderón murió mientras trabajaba en una comedia dedicada a la reina María Luisa, mujer de Carlos II el Hechizado. Su hermano José, hombre pendenciero, fue uno de sus editores más fieles.

Personajes

La Culpa
La Gracia
La Naturaleza
El Lucero
El Mundo
La Gentilidad
El Judaísmo
La Inocencia
El Segundo Adán
Josué
Moisés
Job
David
Isaías
Santiago
San Benito
San Bernardo
Músicos
Acompañamiento

Acto único

(Sale la Culpa con un libro en la mano, pluma y escribanía.)

Culpa   ¡Ah de la celeste curia
de Dios; ah del firmamento,
que ante muralla a su empíreo
es guarnición de su imperio;
ah de las luces del Sol,
de los pálidos reflejos
de la Luna y de las tropas
de estrellas y de luceros;
ah de la faz de la tierra,
de las cóleras del fuego,
de los piélagos del mar
y los páramos del viento;
ah, en fin, de toda la hermosa
fábrica del universo,
que siendo nada eres todo
y siendo todo habrá tiempo
que seas nada! ¡Ah del abismo,
que reservarte no quiero,
porque quizá más que a todos
te he menester a ti atento!
Y pues, bien como serpiente,
que ahogada de su veneno,
para descansar le arroja
inútilmente, mordiendo
la piedra, el tronco o la flor,
hoy yo, instigada del fiero
voraz anhélito mío,
a estas soledades vengo
a echar de mí las rabiosas
mortales bascas, que a incendios,

estándome helando el alma,
me están abrasando el cuerpo.
Oíd, cielos, Sol o Luna;
días, noches, elementos,
mi dolor, o no le oigáis,
que ya sé que mis tormentos,
aunque os busquen como alivio,
no os hallen como remedio.
Yo soy aquella primera
voz que empañó con su aliento
a Dios el cristal del hombre,
en quien, como en un espejo,
se miró y remiró cuando,
bien que del limo compuesto,
se halló en la porción del alma
a su semejanza eterno.
Yo, aquel padrón que a la muerte
de verdes hojas de un leño
le encuadernó en este libro
todos los humanos pechos
del villanaje de Adán,
para ir cobrando sus feudos.
Yo, en fin, la original Culpa
y las ansias que padezco
son por que las sienta más
ocasionadas no menos
que de tres sacros lugares;
de tres soberanos textos,
que con ser ciencia del bien
y el mal no alcanzo ni entiendo.
El primero es el de Acaz,
que del cielo no queriendo
admitir señal, su fe
le dio por señal el cielo,

que una hermosa virgen, antes
del parto permaneciendo
virgen, en el parto, y virgen
después del parto, en su bello
útero concebiría,
a pesar de los tres tiempos,
fecunda, doncella intacta,
y madre, sin que por serlo
su integridad padeciese
ni lesión ni detrimento.
El segundo es el de Job,
en que después de haber hecho
a las miserias del hombre
tantos lamentosos versos,
desde que en culpa engendrado
hasta que en ceniza envuelto,
espera su mutación,
carea los dos extremos
del nacer y del morir,
el ser y el no ser, diciendo
que la vida humana es
el rato que dura en medio
de cuna y sepulcro, una
milicia llena de encuentros,
batallas y sediciones.
A que se añade el tercero,
que es el de aquel gran profeta
en que llamando a los cielos:
«Abrid las puertas -les dice-;
entrará el príncipe vuestro.»
«¿Quién nuestro príncipe es?»,
oye responder de adentro;
y él prosigue: «El poderoso
en las lides, el supremo

rey de todas las virtudes
y todas las glorias dueño.
Parecerán hasta aquí
desunidos sentimientos
que sea una virgen madre,
que sea una vida riesgos,
y sea un príncipe victorias.
Pues no, no lo son, si a efecto
de que concurran en uno,
voy por los tres discurriendo.
Y así, en cuanto a que una intacta
pureza conciba, tiemblo
de pensar que ya se dio,
pues de un joven nazareno
haber puesto en los padrones,
qué dije, de los pecheros
hijos de Adán,
la partida, no me acuerdo.

(Hojea el libro, y como que va a escribir en él, con los cendales asidos a la pluma, mancha una hoja.)

Y cuando para anotarla,
buscándola, no la encuentro,
solo saco haber manchado
la turbación el cuaderno.
¿Qué delirio, qué letargo,
qué ilusión, qué devaneo,
qué frenesí ofuscaría
la luz de mi entendimiento,
el instante de su rara
encarnación? ¿O qué velos,
qué nieblas, qué sombras, qué
oscuridades el cielo

me pondría ante los ojos
para no verla? Supuesto
que verla yo y no escribirla,
implicara el argumento.
Como principio asentado
esta admiración dejemos,
y vamos a que ya una
vez introducido dentro
de los fueros de la vida,
bien que troncados los fueros,
cuando fuera, que lo dudo,
este humanado portento,
el justo, que han de llover
las nubes; el fruto bello
que ha de producir la tierra,
el cándido rocío tierno
que ha de cuajar el aurora;
la escala, que los extremos
del cielo y tierra han de unir
por quien bajando y subiendo:
subiendo, se explica el hombre;
bajando, se explica el Verbo.
Cuando fuera, que lo dudo,
otra vez a decir vuelvo,
éste, cuya Encarnación,
yo, con ser yo, no comprendo,
el prometido Mesías,
aún no me asustara el serlo,
tanto (el segundo lugar
entra aquí) como que siendo
sobre la tierra milicia
la humana vida, recelo
que en metáfora de guerra
este ignorado supuesto,

entrando peregrinando,
haya de salir venciendo.
Y siendo así, que de cuantos
nombres hasta hoy le dieron
en literales sentidos
alegóricos misterios,
ya de piedra angular, ya
de león, ya de cordero,
ya de panal, ya de espiga,
racimo, vid o sarmiento,
rey, mercader y piloto,
sembrador y pastor bueno;
ninguno me asusta tanto
como el de soldado, viendo
que es el que tercer lugar
predice, llamando al cielo,
coronado de victorias,
aplausos y triunfos; tengo,
procurando apurar este
místico sentido (puesto
que sola la conjetura
es reducida a mi ingenio)
de reducir a un dictamen,
a un discurso, a un pensamiento
la experiencia, para ver
si en representable objeto
de metafórica frase
tantas confusiones venzo.
A ésta, pues, causa otra vez,
y otras mil a invocar vuelvo
del más elevado solio
al más abatido cetro;
y no sin razón, pues entre
orador y oyente, es cierto

que no se logra el decirlo
si se pierde el entenderlo.
Supongamos, pues, que el Mundo
es un monarca supremo,
que no faltarán razones
que lo acrediten, supuesto
que bienes del mundo son
las coronas y los cetros.
Supongamos que este joven
es, pues no le conocemos,
y hay quien como lidiador
le espere en su advenimiento,
un soldado de fortuna.
Y para que desde luego
la idea empiece, supongamos
que a pretender por sus hechos
viene a la corte del mundo,
que espera su audiencia, a tiempo
que él se halla divertido
en los músicos festejos
de la ignorante delicia
en que le tienen envuelto
Gentilidad y Hebraísmo,
sátrapas de sus imperios.
Conque a dos visos, guardando
los retóricos preceptos
de decir uno y ser otro,
pues fuera a correr sin velos,
Historia y no Alegoría,
en cuyos tropos es cierto
que anteponiendo los unos
y los otros posponiendo,
puede la imaginación
variar lugares y tiempos.

Cautelaré mis astucias,
investigando, inquiriendo,
ya que no puedo en las luces,
en las sombras, sus intentos;
pues es forzoso rastrear
de los informes del mesmo
nombre y patria, en qué ocasiones
ha militado, qué puestos
ha ocupado, qué papeles
trae y qué pide por premio.
Y pues ya la fantasía
ha entablado el argumento,
entable la realidad
la metáfora, diciendo
allí el que a las puertas llama
del mundo audiencia pidiendo.

(Dentro Lucero, cantando.)

Lucero   Gloria a Dios en las alturas
                 y paz al hombre en el suelo.

Culpa   Y allí el que su voz no oye,
                 en otras voces suspenso.

(Dentro se oye la Música a otra parte.)

Música   Selvas y bosques del mundo,
                 en cuyos olmos y fresnos
                 aún viven tristes memorias
                 de un antiguo tronco vuestro.

(Con esta música y acompañamiento sale el Mundo vestido de galán; el Judaísmo, de hebreo, y la Gentilidad, de romano.)

Mundo   No prosigas, que no es
ya de estas memorias tiempo,
que cuando rey me corono,
cuando monarca me veo,
de cuantos ámbitos gira
el Sol, no es bien que aun el eco
más veloz me haga de tristes
pasadas ruinas acuerdo.
Ya en venganza de este tronco
me vi agonizar, sufriendo
los mares sobre los montes;
ya desahogándome de ellos,
nuevo Fénix de las ondas
me vi renacer, venciendo
de sus descolladas cimas
los homenajes soberbios
que agobió el agua; ya, en fin,
si pacífico no reino,
por las lides a que siempre
sujeto estoy, por lo menos
reino absoluto, pues soy
de dos majestades dueño.
Contemporizando al mundo,
lo diga el romano imperio,
el Pueblo hebreo lo diga,
a mis órdenes atento.
Y así, ninguna memoria
me aflija, porque no quiero
que al pavón de mi fortuna,
ya que en él me represento,
nada deshaga la pompa
de mis desvanecimientos.

(Esto dice mirando al primer carro, que será un pavón grande y hermoso, bien imitado en loscolores de las plumas y rueda.)

Gentilidad   Dices bien, pues cuando no
             fuere ese pájaro bello
             por la corona, la rueda
             y los ojos, de que lleno
             está el airón de sus plumas,
             jeroglífico perfecto
             de tu vanidad, por ser
             de Juno (que del supremo
             Júpiter, dios de los dioses,
             esposa es) el más acepto
             ídolo: hablen los sidonios,
             bastara el glorioso anhelo
             de tu ambición, que adornaras
             símbolo del mundo, siendo
             de él tus timbres, para que
             a pesar de otros recelos,
             inspiren en tus aplausos
             favorables tus alientos.

Judaísmo   ¿Que como gentil hablaste?
             Pues cuando para los miedos
             de pasados sobresaltos
             andas buscando consuelos,
             en tus ídolos los fundas;
             siendo así que mejor medio
             para la seguridad
             de sus dilatados reinos
             fuera fundarlos en que
             tremolado de los vientos
             se vio el iris, en señal
             de la paz, que juró el cielo

| | entre él y la tierra, cuando
sus altos prometimientos,
confederando las nubes
y los mares, ofrecieron
de la invasión de las aguas
(¡Oh, así fuera la del fuego!)
asegurarle.

Gentilidad   ¡Y que como
hebreo hablaste tú, poniendo
en tu Génesis la mira!

Judaísmo   ¿Son mejores fundamentos
los de tu Metamorfosis?

Gentilidad   Sí, pues yo...

(Empuñan las espadas.)

Mundo   No más; suspenso
quede el duelo de los dos.
Y por que veáis que al duelo,
cuando consuelo le admito,
amenaza le desprecio,
ya no quiero que dejéis
la letra, que por lo mesmo
que me repite mis ruinas,
a vista de ellas pretendo
luzcan mis felicidades,
que a más sombras, más reflejos.
Cantad, pues, y sea lo propio,
que es generoso desprecio,
cuando solo para olvidos
aprovechan los acuerdos.

Música Selvas y bosques del mundo,
en cuyos olmos y fresnos
aún viven tristes memorias
de un antiguo tronco vuestro.
Por lo que os tiene agraviados,
os ruega le estéis atentos,
y veréis cuán dulcemente
halla en el daño el remedio.
Cuando de un árbol en otro
reparado diga el viento.

(Cantando, dentro.)

Lucero Gloria a Dios en las alturas
y paz al hombre en el suelo.

Mundo Esperad, ¿qué nueva voz
rompe de nuestro silencio
la quietud?

Gentilidad Yo no la oí,
y así, no dudo que el eco
de estas cláusulas sería.

Judaísmo Yo sí, mas que sea no creo
más que un acaso del aire.

Culpa No descubre poco esto
de que escuchando su voz
el Mundo no la oiga el pueblo
gentil, y el hebreo la achaque
al acaso y no al misterio,
y así, a lamira de todo

	estar retirada tengo.
Mundo	Pues proseguid con el canto, no cese el divertimiento.

(Retírase la Culpa, y, cantando aparte, divertidos, Mundo, y Gentilidad, y Judaísmo; salen por otra el Segundo Adán, de soldado; el Lucero, de pieles, y la Inocencia, de villano.)

Música	Selvas y bosques del mundo, en cuyos olmos y fresnos...
Lucero	A mala ocasión llegamos, que el Mundo, olvidado y ciego, en pasatiempos está.
Inocencia	¿Cuándo él no está en pasatiempos? sin ver, ¡oh montes!, por más que pasen, que en vuestros senos.
Música	Aún viven tristes memorias de un antiguo tronco vuestro.
Lucero	En vano pienso que hoy su audiencia aguardas.
Segundo Adán	Por eso quise que tu voz llegara a sus oídos primero que mi persona a sus ojos, por si inclinaba su afecto a alguna atención.
Lucero	De poco

| | te sirvió, que, desatento,
mi voz no escuchó. |
|---|---|
| Inocencia | Qué mucho,
si es voz que clama en desierto,
donde no escuchan los troncos,
aunque diga alguno de ellos. |
| Música | Por lo que os tiene obligados,
os ruega le estéis atentos. |
| Segundo Adán | Vuelve a llamar, y los dos
no desconfiéis tan presto;
quizá una vez y otra, instado,
oirá su conocimiento. |
| Música | Y veréis cuán dulcemente
halla en el daño el remedio. |
| Segundo Adán | Ve, pues, delante de mí
a reconocer si es tiempo
de que llegue yo. |
| Lucero | Si haré
el camino previendo
de tus huellas. |
| Culpa | Si él es Sol,
ya va delante el lucero.
Atención con su venida,
por si ha de inferirse de esto. |
| Música | Cuando de un árbol en otro
reparado diga el viento. |

Lucero (Cantando.)　Gloria a Dios en las alturas
　　　　　　　　　　y paz al hombre en el suelo.

Mundo　　　　　Ahora no fue ilusión:
　　　　　　　　oh tú, gallardo mancebo,
　　　　　　　　que a tu voz has perturbado
　　　　　　　　del mundo el blando sosiego
　　　　　　　　en que le tenía el olvido
　　　　　　　　de sus pasados tormentos.
　　　　　　　　¿Quién eres?

Lucero　　　　　　　　　　Soy un soldado,
　　　　　　　　que en el militante gremio
　　　　　　　　de las campañas del mundo
　　　　　　　　a merced sirve del sueldo
　　　　　　　　de un valiente capitán,
　　　　　　　　de quien a darte luz vengo.

Mundo　　　　　¿A darme luz?

Lucero　　　　　　　　　　Sí.

Mundo　　　　　　　　　¿Pues eres
　　　　　　　　tú luz?

Lucero　　　　　　No lo soy yo, pero
　　　　　　　　testimonio de luz, sí.

Mundo　　　　　¿Y qué pretendes?

Lucero　　　　　　　　　　Pretendo
　　　　　　　　que audiencia le des.

Mundo	¿Por qué no llega él?
Lucero	Porque primero que él llegue, quiso que esté de mí prevenida.
Mundo	Puesto que el Mundo a nadie la niega, llegue. Mas de todos esos que están a mi puerta, dime, ¿cuál es?

(Cantando y señalando al Segundo Adán.)

Lucero	El que con el dedo te señalo. éste es el AGNUS, que está pendiente del pecho del eterno Padre; éste el Soldado de los cielos, que siendo tus enemigos tus errores, a vencerlos viene, para que yo diga con seguros fundamentos: éste es de Judá, el León; de Pathmos, éste el Cordero, que a quitar del mundo viene los pecados.
Mundo	No te entiendo.
Gentilidad	Tampoco yo.
Judaísmo	Yo tampoco.

Culpa	Ni aun yo.
Inocencia	Yo sí, y soy un necio.
Culpa	¿Tú, villano?
Inocencia	Yo, con ser la Inocencia; pero esto no es mucho, que él al no sabio se revela, que aun por eso lo sé yo.
Mundo	Pues bien, ¿qué aguarda? Llegue, pues.
Segundo Adán	Humilde llego a tus umbrales, ¡oh mundo!, en cuya audiencia pretendo el premio (decir pudiera bien de mis mercedes); pero por ahora importa que diga de mis servicios.
Mundo	No creo que en mis ejércitos nunca te vi asistir.
Culpa	Por lo menos, el mundo no le conoce.
Inocencia	Dirálo así el Sacro Texto.
Mundo	¿De dónde eres?

Segundo Adán	De otra patria peregrino y extranjero, llamado de los aplausos que en ésta ganar pretendo vine en ella a militar.
Culpa	¿Y esto dirá?
Inocencia	También esto.
Mundo	¿Tu nombre?
Segundo Adán	Segundo Adán. Hermano soy del primero; y así, heredando su nombre, en sus fatigas intento que conozcas, Mundo, cuánto de ser su hermano me precio.
Mundo	¿Segundo Adán eres?
Segundo Adán	Sí.
Mundo	Otra vez a decir vuelvo que no te conoce el Mundo.
Inocencia	También dirá que los mesmos que crió no le conocen.
Judaísmo	Absorto estoy.
Gentilidad	Yo suspenso.
Segundo Adán	Si por mí no me conoces,

conóceme por mis hechos.
éstos los papeles son,
y fes de oficios del tiempo
que milité en tus campañas.

(Va dando memoriales, como lo dicen los versos.)

Culpa　　　　　Atención importa en esto.

Mundo　　　　　¿Cúya es esta fe?

Segundo Adán　　　　　De Lucas:
en que abona, firma y sello,
que a ocho días de sentada
plaza en tus banderas, quiero,
cuchillo de pedernal
(que fuera blando de acero)
me dio la primera herida,
primera sangre vertiendo
en tu ejército.

Mundo　　　　　　　¿Y aquésta,
cúya es?

Segundo Adán　　　Es de Mateo:
certifica que me hallé
en la rota, que soberbio
te dio el enemigo, cuando
tiranamente sangriento
de la tierna infantería
te degolló el primer tercio;
y prosigue en ésta.

Mundo　　　　　　　Pues

                      ¿cúya es aquésta?

Segundo Adán   Del mesmo,
que habiéndome retirado
con reputación del riesgo,
fue para mayor hazaña,
pues fue para volver luego
a reconocer el campo
del enemigo, y tan dentro
de sus cuarteles de espía
perdido llegué, que puedo
decir que quien me buscó
me halló perdido en el Templo.
Sitiado por hambre estuve
en la plaza de un desierto
cuarenta días, pasando
la inclemencia del asedio,
sin capitular rendido;
tanto, que el contrario, viendo
mi constancia, reducir
a batalla quiso el cerco.
Tres veces me asaltó, y tres
rechazado de mi esfuerzo,
levantó el sitio, quedando
yo triunfando y él huyendo.

Mundo   Y esta certificación,
¿cúya es?

Segundo Adán   De Juan, en que habiendo
al socorro del castillo
ido de Magdalo, a tiempo
llegué, que le había el contrario
entrado a sangre y fuego.

	Tanto, que su cabo estaba
en su oscuro foso muerto,
y socorriendo la plaza,
le restituí el aliento,
que había ya cuatro días
que le faltaba.
Culpa	¿Y aquesto,
también, villano, es verdad?
Inocencia	Cuanto dice, es Evangelio.
Segundo Adán	En la marcha que hizo el campo
por las campañas del heno,
fui quien, valiente, introdujo
el convoy del bastimiento.
Cinco mil y más personas
perecieran, si los tiernos
niños y mujeres (Juan
lo certifica), si habiendo
yo llegado, no tan solo
los víveres conduciendo,
pero aumentando, no hiciera
que les sobrara el sustento.
Judaísmo	Yo le oigo, y lo dudo.
Gentilidad	Yo,
ni lo dudo ni lo creo.
Segundo Adán	El bagaje socorrí
en que iban los enfermos
e impedidos, tantas veces,
que dan testimonio de ellos

en éste, hablando los mudos;
en éste, viendo los ciegos,
y en éste, pasando a más
mis socorros, los que el fiero
espíritu del contagio
tenía ligados y presos.
El tren de la artillería,
que disparaban los cielos,
también soldado del mar
restauré, cuando los vientos,
amotinando las ondas
en su azul campo, me dieron
vencer batería de rayos,
de relámpagos y truenos.
Dormidas las centinelas
de los recintos de un huerto,
por tratos de un falso amigo,
una noche prisionero
vine a quedar, y ésta sea
hoy postrer fe, porque viendo
que a tu audiencia llego, ¡oh Mundo!,
de sus malos tratamientos
desnudo, pobre y herido,
compadecido pretendo
que prosiga desde aquí
todo lo demás, el premio
que de tus manos aguardo
y de mis obras espero.

Mundo   Muchos tus servicios son:
             ¿a qué han llegado tus puestos?

Segundo Adán Aunque en las levas del mundo
             soy yo quien la gente ha hecho,

	a una humilde compañía de doce soldados, y esos tan sin humanos caudales, que a mi mesa los sustento.
Mundo	Pongan en algo los ojos tan altos merecimientos.
Segundo Adán	Antes que viniera a ti, ya, Mundo, los tenía puestos en el premio que has de darme.
Mundo	¿Qué es?
Segundo Adán	Un hábito, que siendo roja insignia militar de cruz que me adorne el pecho, es propio honor del soldado.
Mundo	Cruz a nadie hasta hoy la he puesto que no sea por baldón.
Segundo Adán	Yo haré de baldón aprecio.
Judaísmo	¡Rara pretensión!
Gentilidad	¡Extraña!
Mundo	¿Aprecio el baldón? No entiendo cómo puede serlo.
Segundo Adán	Dando lustre a la infamia mis hechos, cuando sacando la luz

             de las sombras, del veneno
             la triaca, de la adelfa
             la medicina, vea el cielo
             que es del mundo una cruz sola
             el sumo honor que pretendo.

Mundo   El fin de tan nunca oída
             pretensión dudo.

Segundo Adán   Oye atento:
             A merced de los reyes,
             que labran de los méritos las leyes,
             los valientes soldados,
             para ser en la guerra señalados,
             orlaron con gloriosos intereses
             de empresas y divisas sus paveses:
             cuyas jactancias sumas
             emularon después bandas y plumas,
             por que el ser conocidos
             los obligase a ser más atrevidos,
             que el empeño es mayor cuando el empeño
             va en sus señas diciendo: éste es mi dueño.
             Y siendo así, que hermano
             yo del primer Adán, pienso no en vano
             enmendar el baldón de su agonía,
             timbre he de hacer para divisa mía.
             Un árbol fue su ruina,
             cuya materia desde allí destina,
             inspirada del cielo,
             la política ley, para el anhelo
             de su observancia, puesto que en su rito
             cualquier delito, hijo de aquel delito,
             castiga entrambas luces,
             de madera labrando horcas y cruces.

Conque yo, a quien (como antes de ahora dije)
de aquella ruina la memoria aflige,
no solo he de borralla;
mas tanto he de ilustralla,
que exaltando el madero hacer sospecho
la infamia de la espalda honor del pecho.
Roja espada de fuego
fue su primer azote,
y para que se note,
que yo a enmendar aquel castigo llego,
roja espada, te ruego
que mi pecho señale;
y verás cuánto en él tu insignia vale
si en él se ve esmaltada
la cifra del madero y de la espada,
cuando con tal empresa
entre la lid, y aun renaciendo de ésa,
verás también que con mis ejemplares
otras órdenes salen militares,
dando a otros muchos luego,
bien como a mí la caridad que es fuego,
rojo el color, la fe divina y pura,
la candidez del blanco, y la hermosura
del verde la esperanza,
en eterna alabanza,
de soldados de espíritu tan fuerte,
que como yo batallen con la muerte,
cuando mi voz les diga
que cada uno su cruz tome, y me siga.

(Señalando a un carro, que será un pelícano con sus polluelos, herido el pecho.)

Si el pavón en su cuna

jeroglífico es de tu fortuna,
séalo de la mía
el pelícano, cuya bizarría
tan caballero pájaro le ha hecho,
que con su sangre le señala el pecho.
Y, pues a imitación suya, el primero
soy que el hábito des de caballero,
por que nadie pensar pueda que abierta
le queda sin el mérito la puerta,
antes que a darme tal blasón te muevas,
me han de hacer el primero a mí las pruebas,
que después han de hacer a ejemplar mío
a cuantos a ilustrarse por su brío
aspiren en cruzados batallones
de tantas militares religiones,
como verá algún día
de órdenes la campal caballería,
siendo tal la honra suya,
que al ver la cruz, el enemigo huya.
Sus establecimientos
han de constar siempre al honor atentos,
de nobleza y limpieza,
correspondiendo al alma la nobleza;
la limpieza a la vida, sin que ignore
nadie que mancha o raza la desdore
de ajena religión; y pues dispuesto
a las pruebas estoy, nombrarme presto
informante y aun dos, por que responda,
sin que mi honor ningún defecto esconda
a lustre y religión el generoso
examen, viendo el uno religioso
y el otro caballero,
a tus umbrales la respuesta espero,
para que el mismo día

que salga la merced, genealogía
y depósito entregue.
No, pues, el premio al mérito se niegue,
demos satisfacción al cielo, ¡oh Mundo!,
yo en el primero Adán, tú en el segundo.

(Vase, y con él el Lucero y la Inocencia; quedan confusos los tres.)

Mundo   Absorto y mudo he quedado
                 de tan nueva pretensión.

Gentilidad   No es menos mi confusión.

Judaísmo   Ni menos es mi cuidado.

Mundo   No sé a qué me resolver.

Culpa   Atenta me importa estar.

Gentilidad   A inquirir y averiguar
                 el fin.

Mundo   ¿Cómo?

Gentilidad   Con hacer
                 las pruebas que él ha pedido,
                 que no es bien con tal acción
                 quede el Mundo en confusión
                 de si ha sido o si no ha sido
                 verdad, que hermano de Adán,
                 enmendar sus ansias quiera.

Judaísmo   Extraña flojedad fuera,
                 cuando pendientes están

| | ya todos en el empleo
de proposición tan rara,
que no se le averiguara
si es baldón o si es trofeo. |
|---|---|
| Mundo | Pues si de este parecer
vos estáis y también vos,
la merced le hago. |
| Judaísmo | Y los dos
informantes, si han de ser
religioso y caballero,
¿adónde los has de hallar
con cruz, para no faltar
en el examen primero
a la ceremonia? |
| Mundo | No
lo sé, mas sí, ya lo sé. |
| Las dos | ¿Quién? |
| Mundo | Moisés y Josué:
Moisés en el monte oró
puesto en cruz, y siendo así,
que sobre caudillo y rey,
fue sacerdote en la ley
que recibió en Sinaí,
ya con sacerdocio y cruz
al religioso tenemos;
Josué, que vencer le vemos
a vista de aquella luz,
pues si ella se deshacía
cuando el brazo desmayaba, |

en la batalla flaqueaba
y en formándola vencía.
Ya en fe de la cruz obró
victorias, y bien infiero
que soldado y caballero
desde entonces mereció
del hábito militar
la investidura; conque
cruz e informantes hallé,
eclesiástico y seglar.
Y aun profesos, pues después
que le ilustró insignia tal
en el áspid de metal,
profesó la cruz Moisés,
y Josué en la ocasión
que puesto en cruz, con fe rara
mandó al Sol que se parara
a vista de Gabaón.
Y pues como principales
jueces habéis de asistir
a todo, aquí a recibir
os quedar los memoriales
que dé de su calidad;
y ya que a ambos el consejo
de mis órdenes os dejo,
a los informantes dad
de su comisión traslado,
conque hecha la diligencia,
daréis los dos la sentencia.

Judaísmo   Fía de mí tu cuidado,
que yo al juzgarlo veré
qué patria y qué padres da
y a qué fin buscando va

	honras en la cruz, en fe
de enmendar yerros de Adán,
no siendo en mis profecías
el prometido Mesías.
Gentilidad	En mí tus gentes verán
si es digno o no del blasón.

(A los músicos.)

Mundo	Pues publicad el decreto
vosotros, por que su efeto
empiece la información,
advirtiendo vos y vos
qué merced me tocó hacerle,
mas ponerle o no ponerle
la cruz, tocará a los dos.

(Vanse el Mundo y los músicos cantando.)

Música	El Mundo al Adán Segundo
roja cruz en premio ha dado,
propio hábito de soldado
y propia merced del mundo.

(Oyendo el pregón, sale la Gracia por una parte y la Naturaleza por otra, ambas con dos memoriales.)

Gracia	El Mundo al Adán Segundo
Naturaleza	Roja cruz en premio ha dado.
Las dos	Propio hábito de soldado
y propia merced del mundo.

Gracia	Luego bien fía de mí traer su genealogía.
Naturaleza	Luego bien conmigo envía su alto origen.
Gracia	Pues yo vi su primera majestad.
Naturaleza	Pues yo animé su conceto.
Culpa	Mi representable objeto se va haciendo realidad, al ver, para más tristeza de mi temida desgracia, que allí se alegra la Gracia, y allí la Naturaleza; conque bien contra mi fundo sea la cruz que le han dado.
Ella y música	Propio hábito de soldado.
(Dentro.)	Y propia merced del mundo.
Judaísmo	Ya que el Mundo, que le oyó, su premio de los dos fía, ¿quién de su genealogía traerá las noticias?
Las dos	Yo.
Gentilidad	¿Cuando una hubiera bastado, dos nos habéis respondido?

Gracia   La parte que yo he sabido.

Naturaleza   La parte que me ha tocado.

Gracia   De tu patria celestial.

Naturaleza   En su humano nacimiento.

Gracia   En este origen presento.

Naturaleza   Traigo en este memorial.

Gentilidad   ¿Pues quién eres, soberana deidad?

Judaísmo   ¿Quién tú, peregrina mujer?

Gracia   La gracia divina.

Naturaleza   La Naturaleza humana.

Gracia   éstos los lustres altivos
                son de su divinidad.

(Da el memorial a la Gentilidad.)

Naturaleza   Y éstos, por la humanidad,
                son los actos positivos
                de su limpieza y nobleza.

(Da el memorial al Judaísmo.)

Culpa	Al gentil la Gracia dio
la parte que a ella tocó;
pero la Naturaleza,
al hebreo.
Gentilidad	Mal reservo
lo que me toca de ti.
Judaísmo	¿Cómo dice?
Gentilidad	Dice así:
(Leyendo.)	En el principio era el Verbo,
el Verbo estaba tan Uno
con Dios, que Dios era el mismo
Verbo: esto era en el principio,
que todo por él fue hecho,
y sin él no fue hecho nada.
Judaísmo	¿A qué propósito es esto?
Gentilidad	No sin propósito es,
pues viene a ceñirse luego
en que el Verbo fue hecho carne,
y prosigue.
Judaísmo	Estoy suspenso.
Que habitando entre nosotros,
Unigénito heredero
del Padre, su gloria vimos,
de gracia y de verdad lleno.

(Sale la Inocencia, como acechando, y se encuentra con la Culpa.)

Inocencia	Laus tibi, Christe, bergantes, ¿no decís al oír aqueso?
Culpa	¿A qué, simple, entras aquí?
Inocencia	A acechar lo que hacen dentro, ya que, a fuer de pretendiente, a mi amo a la puerta dejo ensayando sumisiones.
Culpa	Salte allá fuera.
Inocencia	No quiero. Que he de rastrear cómo admiten su origen entrambos pueblos.
Judaísmo	Señas son del que yo aguardo, mas no convienen en él las semanas de Daniel, y así, mal en mirar tardo estotra genealogía.
Gentilidad	Veamos cómo dice.
Judaísmo (Leyendo.)	Libro de la gran Generación.
Gentilidad	Prosigue.
Judaísmo	De Jesucristo.
Inocencia	Como quien no dice nada, y dice humano y divino.

Judaísmo	¿Cómo, si es Segundo Adán, errado das el principio, que Cristo el Ungido, es Jesús, Salvador, e indicio es que le hace sospechoso callar nombre y apellido, siendo uno y dando otro?
Naturaleza	¿Pues quién quita que haya sido sin dejar de ser segundo Adán, Salvador y Ungido?
Gentilidad	No en eso estribes, que eso han de decir los testigos, si no prosigue hasta él la narración.
Judaísmo	Ya prosigo. Libro de Generación de Jesucristo.
Gentilidad	Di.
Judaísmo	Hijo de David y de Abraham: ¿Cómo habiendo David sido después, le pone primero?
Naturaleza	Ser rey le hace preferido.
Judaísmo	¿Y de David y de Abraham cómo hijo es, siendo distintos en tiempo?

Naturaleza	Como a los dos
fue a quien el cielo previno
que de ellos descendería,
y así los pone al principio.
Gentilidad	No te embaraces ahora
en tantos como aquí miro,
si no vamos a él.
Judaísmo	Pues dejo
el gran número infinito
de reyes y patrÔarcas,
que por actos positivos
presenta, y voy a José.
(Leyendo.)	Que por esposo ha tenido
María, de la cual nació
Jesús, que se llama Cristo.
Gentilidad	¡Rara nobleza!
Judaísmo	Si es
así; y puesto que tú has dicho
que los testigos habrán
de ser quien ha de decirlo,
con segunda diligencia
vamos entablando estilos,
que han de tener cuantas pruebas
vean los futuros siglos.
¿Quién depósito y fianza
ha de hacer a los ministros
de sus salarios y costas?
Gracia	Fiador abonado y rico

	será.
Judaísmo	¿Quién?
Gracia	Melquisedec,

sacerdote y rey invicto;
porque si mi línea consta
de las cortes del Empíreo,
¿quién interesado puede,
liberal y agradecido,
con más crédito fiar
al que de ella al mundo vino,
que el que la administración
tiene de sus beneficios?

Gentilidad   Bueno es el fiador.

Judaísmo   No mucho,
que aunque abonado le miro,
rey, y sacerdote, no es
lego y llano.

Naturaleza   Uso y servicio
de los bienes obligados,
sanean ese peligro,
siendo ellos.

Judaísmo   ¿Cómo?

Naturaleza   Como
yo, que la línea he traído
de la tierra, de la tierra
en Melquisedec obligo
seglares frutos, que son

| | de Adán patrimonio antiguo. |

| Judaísmo | ¿En qué especie? |

| Naturaleza | En vino y pan,
que en los sagrados archivos
de las arcas del tesoro,
de quien el maná es indicio,
estarán depositados,
hasta que habiendo salido
con la cruz, todas las costas
se paguen en pan y vino. |

| Culpa | No hay palabras sin misterio. |

| Inocencia | Ni misterio sin prodigio. |

| Judaísmo | Está bien; agitar vamos,
informantes y testigos,
que a ese palacio del mundo
vengan a decir sus dichos. |

| Gentilidad | Favorables serán todos. |

| Inocencia | So pena de ser mal vistos
testigos de la ley vieja. |

| Judaísmo | ¿Por qué lo decís? |

| Gentilidad | Lo digo,
porque en dos naturalezas
linaje humano y divino,
me han dado en sus esplendores
no sé qué lejanos visos

	de alta nobleza.
Judaísmo	A mí no, porque antes para conmigo, no habiendo llegado el tiempo en el gran Daniel previsto, el dar dos Naturalezas más sospechoso le hizo.

(Vanse los dos.)

Inocencia	Para juez, mucha pasión va mostrando el Judaísmo.
Culpa	¿Quién te mete a ti en notarlo?
Inocencia	¿Quién te mete a ti en sentirlo?
Gracia	Hermosa Naturaleza, ya que juntas concurrimos en pretensión, que ha de ser honor tuyo, y blasón mío, ¿cómo no me das los brazos?
Naturaleza	Como con temor te miro desde el día, Gracia hermosa, que en el verde laberinto de aquella primera patria la ambición de un apetito te perdió de vista, y tanto temerosa (¡ay de mí!) vivo (mejor, temerosa muero, dijera), que no me animo a verte el rostro, por más

                        que imán del alma lo lindo
                        lleve tras sus perfecciones
                        elevados mis sentidos.

Gracia   Pues confía, alienta y vive;
                        que el hábito a que venimos,
                        el día que el pretendiente
                        se ponga la cruz, confío
                        que ha de volver a enlazar
                        en primer yugo sencillo
                        de Gracia y Naturaleza.

Naturaleza   Por blandos que tus cariños
                        me animen, a cada paso
                        que hacia ti doy, torpe piso,
                        en la sombra de mi muerte,
                        la falta de mi delito.

(Al irse a acercar a la Gracia, tropieza la Naturaleza.)

Gracia   Pues yo me acercaré a ti,
                        y con tan alto motivo,
                        como que el mundo conozca
                        que con la cruz que previno
                        el que ha de ilustrar a entrambas,
                        se va allanando el camino
                        en que a la Naturaleza
                        se acerque la Gracia.

(Al irse a acercar a la Naturaleza la Gracia, la detiene la Culpa.)

Culpa   Oírlo
                        tiemblo; ¿a la Naturaleza
                        (qué mal mi dolor resisto)

                    la Gracia acercarse? ¡Cielos!
                    ¿Pues cómo áspid escondido
                    en las flores me conservo,
                    sin arrojarme a impedirlo?
                    Detente, Gracia.

(Pónese en medio de las dos.)

Gracia   ¿Por qué?

Culpa   Porque los siempre benignos
                    favores, tuyos están
                    para llegar impedidos
                    de mí a la Naturaleza;
                    pues has de encontrar conmigo
                    desde aquel de su concepto
                    primero instante nativo,
                    antes que con ella.

Naturaleza   No,
                    engañoso basilisco;
                    puesto que la Gracia quiere
                    hacer las paces conmigo,
                    me quites tan grande bien.

Culpa   No soy yo quien te lo quito;
                    tú misma te le quitaste.

Naturaleza   Harto lo lloro y lo gimo;
                    bien que ya con la esperanza
                    que ella me ha dado, confío
                    que se acerque el tiempo en que
                    no has de poder impedirnos
                    tan dulce abrazo.

Culpa   ¿En qué fundas
            esa esperanza?

Gracia   ¿En qué?

Culpa   Dilo.

Gracia   Las pruebas del nuevo Adán
            la han de ilustrar.

Culpa   Conseguirlo
            ¿cómo podrá, ni aun salir
            con el hábito, si dijo
            que de limpieza y nobleza
            han de constar sus servicios?
            Y habiendo en su origen dado
            línea de humano, es preciso
            que el villanaje de Adán
            le ha de obstar: nadie ha nacido
(Aparte.)   (sino él) que yo no le tenga
            asentado en este libro.
            Siendo así, ¿quién le habrá dado
            el ser, sin ser comprendido
            en el pechado tributo
            del padrón de mis registros?

Gracia   La que exenta de la Culpa
            le dio el ser, habiendo sido
            hidalga de privilegio.

Culpa   Si por alguna lo has dicho,
            que, como el Segundo Adán,
            ser Segunda Eva previno,

                        y trocando el Eva en ave,
                        volarse por alto quiso,
                        aquí está.

(Hojea el libro.)

Gracia   ¿Dónde?

Culpa   Aquí está.

Gracia   ¿Dónde?

Culpa   ¡Ah infeliz! ¿Qué miro?
                        En la plana que juzgué
                        que la había (¡ay de mí!) visto,
                        la tinta cayó, y no deja
                        leerse; con que no distingo
                        si es su nombre o no es su nombre
                        el que está escrito y no escrito.
                        La razón de dudar, solo
                        es la que queda al arbitrio
                        de si es ella, o si no es ella
                        la que miro, y que no miro.

Gracia   ¿Dónde está?

Culpa   Un borrón no deja
                        verse el nombre bien distinto.

Naturaleza   ¡Ay, que no es eso!
                                    ¿Pues qué es?

Naturaleza   Es que por no haber caído
                        en ella, Culpa, el borrón,

                    cayó el borrón en el libro.

Culpa   ¿Cómo puede ser, que siendo
                    humana?

Gracia   No has de arg̟irlo
                    tú; yo defenderlo sí,
                    y así darte solicito
                    a entender cómo ser pudo
                    a este eminente edificio,
                    entrada del Mundo, donde
                    han de venir los testigos,
                    para que dé las noticias
                    en que han de hablar instruidos,
                    antes estén; ven, humana
                    Naturaleza, conmigo,
                    dejando la Culpa atrás.

Naturaleza   Absorta tus pasos sigo,
                    Gracia elevada y confusa.

Culpa   ¿Cómo, si yo me anticipo
                    a las dos, podréis primero
                    informarlos y advertirlos?

Gracia   Tomando la puerta yo,
                    y conmigo al punto mismo
                    la Naturaleza humana;
                    con que entrando ella conmigo,
                    y quedándote tú fuera,
                    cómo puede ser te he dicho

(Vanse las dos. Ha de haber en uno de los carros una puerta, que ha de estar cerrada, yqueriendo adelantarse la Culpa a abrirla y entrar por ella,

llega primero la Gracia, y llevando consigo la Naturaleza, al llegar la Culpa,
las dos cierran la puerta.)

Culpa   Adelantóse la Gracia,
                 y llevándose consigo
                 tras sí a la Naturaleza,
                 fuera me dejó. Divinos
                 cielos, ¿quién ha visto nunca
                 igual dolor?

Inocencia   Yo le he visto,
                 por señas que entrando ella
                 sin ti en material sentido,
                 que ya pasa a intelectual,
                 visto he, sin haber visto
                 cómo pudo ser, quebrarte
                 los ojos con el postigo.

Culpa   En ti, villano, mis iras
                 se vengarán.

Inocencia   Eso es lindo;
                 ¿ha de pagar la Inocencia
                 cosas que la Gracia hizo?

Culpa   La Inocencia ha de pagarlas,
                 y pues la Inocencia he dicho
                 que ha de vengar mis rencores,
                 cuando para conseguirlo
                 las dos me cierren la puerta,
                 no me faltará un resquicio.
(Maltrátala.)   Que aunque es verdad que no ignoro,
(Aparte.)   que si conmigo imagino
                 este místico soldado,

                    según sus hechos y dichos,
                    natural Hijo de Dios,
                    ni hay, ni puede haber, ni ha habido
                    objeción que turbar pueda
                    sus méritos infinitos.
                    Con todo eso, por la línea
                    de Adán tocarle es preciso
                    el villanaje, supuesto
                    que es también natural Hijo
                    de MARÍA; y aunque sea
                    solo padre putativo
                    José, ya para las pruebas
                    vive de un humilde oficio.
                    Y así, con un memorial
                    tengo de ver si consigo
                    el deslucirle en lo humano,
                    pues no puedo en lo divino.

(Vase.)

Inocencia   ¡Ay de mí, que me ha dejado
                   ni bien muerto ni bien vivo!

(Sale el Segundo Adán.)

Segundo Adán   ¿Qué ha sido, Inocencia, esto?

Inocencia   Qué ha de haber (¡ay de mí!) sido,
                   sino no perderse nada,
                   viendo en exterior sentido
                   maltratada la Inocencia
                   de la Culpa.

Segundo Adán   ¿Qué inquirido

                        has del despacho?

Inocencia   ¿Pues tú
                        dudas nada?

Segundo Adán   éste es aviso,
                        que nada ignorando en todo
                        me ajusto al humano estilo.

Inocencia   Pues Gracia y Naturaleza,
                        para informar los testigos
                        que a decir vengan, la puerta
                        tomaron de ese edificio
                        del Mundo, donde han de hacerse
                        las pruebas, y habiendo sido
                        los que las han de juzgar
                        Gentileza y Hebraísmo,
                        la Culpa, que se quedó
                        fuera, buscando resquicio
                        por donde entrar, me ha dejado
                        tocado, pero no herido.

Segundo Adán   ¿Y qué informantes me ha dado?

Inocencia   Moisés y Josué.

Segundo Adán   Son dignos
                        por la espada y por la vara,
                        ambas de cruz, sombra y viso.
                        ¿Y qué testigos citaron?

Inocencia   Por los canceles de vidrio,
                        que son nubes de tu Sol,
                        recatado, no escondido,

                        podrás tú desde aquí verlos,
                        y aun también, Señor, oírlos.

Segundo Adán   Pues retírate a esta parte.

Inocencia   Ninguno extraña el retiro,
                        que tal vez habrá quien diga,
                        se ocultó por no ser visto.

(Retíranse los dos a una parte del tablado, córrese en medio una cortina y vense sentados a Moisés y Josué, teniendo delante un bufete con recado de escribir, y al mismo tiempo salen por la otra parte Gracia y Naturaleza hablando a Job, que saldrá vestido de pobre llagado. Y adviértese que él y los demás testigos, como fueren saliendo, hablen a la Gracia con respeto y agrado, y a la Naturaleza con despego; los criados, que corran la cortina, y llegando el bufete, se retiran.)

Moisés   Llegad esa mesa aquí,
                        y retiraos todos luego.

Job   Llamado a mi dicho llego.

Gracia   Advierte, Job, que de mí
                        has de decir.

Job   Ya lo sé,
                        y no tienes que informarme.

Naturaleza   Y de mí también.

Job   Pesarme
                        será fuerza, pero habré
                        de decir verdad hablando,
                        humana Naturaleza,

	de ti, atento a mi tristeza.
Inocencia	Job es el que viene entrando.
Josué	Por religioso, te obliga en lo que hayan de decir a ti el cargo de escribir.
Moisés	El Pentateuco lo diga.
Josué	Llegad a Job una silla.
Job	No, señor, no hay para qué; en el suelo me echaré, que es el lecho a que me humilla mi dolor continuamente.

(Échase en el suelo.)

Josué	¿Pues a lo que venís veis, de esa línea qué sabéis paterna del pretendiente?

(Dale el memorial, léele para sí, y prosigue.)

Job (Leyendo)	Que es su esplendor infinito, y aunque sin sus dones yo, que él los dio y los quitó, sea su nombre bendito.
Moisés	Y de esa materna, ¿qué sabéis?
Job	De esta línea humana,

que fue flor a la mañana
y arista a la tarde fue;
que es hoja que el viento mueve,
luz que como sombra pasa,
vaso de terrestre masa,
gusano de vida breve,
y ésa, con tantas lacerias,
ansias y calamidades,
desdichas y enfermedades,
que es un todo de miserias;
y que de mujer nacido,
el hombre repita en mí:
perezca el día en que fui
en pecado concebido.
Para una vida prestada,
que es al turbión del verano
flor, hoja, sombra, gusano,
aire, humo, polvo y nada.
Bien que uno y otro disculpa
que habrá en esotra nobleza
quien de esta Naturaleza
tenga el daño y no la Culpa.

Moisés   Firmad, e id en paz.

(Firma y vase.)

Naturaleza   ¡Ay cielos!,
que cuanto bien de ti habló
te lo he deslucido yo.

Inocencia   No son vanos los recelos,
de lo que humano te entrega
a padecer sinrazones

                            de oprobios y de baldones.

Segundo Adán   Callad, porque David llega.

(Sale David con arpa.)

Inocencia   Tan a la música es dado,
                    que el salterio es su fatiga,
                    y pienso que cuanto diga
                    nos lo ha de decir cantado.

Segundo Adán   Como son salmos, sí hará.

Gracia   ¿Hasme conocido?

David   Sí;
                    porque aunque mi Culpa vi,
                    conozco a la Gracia ya,
                    llorándola arrepentido.

Naturaleza   Mira que de mí también
                    has de decir.

David   Está bien.

(Levántanse los dos.)

Josué   Seáis, David, bien venido.

Moisés   Aquí os habéis de asentar,
                    o hemos de estarnos en pie.

David   A lo que he venido sé,
                    y pues de paso he de hablar,

              no os embaracéis; oíd,
              y después escribiréis
              lo que en sus salmos veréis
              dejar firmado David;
              conseguiré autoridad,
              que aunque soy del Pretendiente
              por una línea pariente,
              diré por ambas verdad.

(Canta David y Moisés escribe.)

              En clara, segura muestra
              de su primer esplendor,
              el Señor a mi señor
              dijo: «Siéntate a mi diestra,
              donde los cielos testigos
              serán de tus triunfos, pues
              escabeles de tus pies
              se han de ver tus enemigos.»

Josué   Eso es cuanto a ser dosel
              suyo, el Sol, de hombre en el nombre,
              ¿qué sabéis?

David   Ya en cuanto hombre
              he dicho ser deudo de él.

Moisés   Con todo, es bien lo acredites.

David   Pues diga dél mi dolor.

(Cantan.)   ¿Quién es el hombre, Señor,
              para que tú le visites?
              Y aunque déste no se crea

	hoy por mí y por todos trato decir.
Los dos	¿Qué?
(Vase y repite.)	
David	Que et in peccato concepit me mater mea.
Música (Dentro.)	Et in peccato concepit me mater mea.
Naturaleza	¡Ay de las miserias mías!
Inocencia	Lo humano desmerecer te hace.
Segundo Adán	Eso ha de padecer.
Inocencia	¿Quién es aquél?
Segundo Adán	Isaías.
(Sale Isaías.)	
Gracia	Yo...
Isaías	Quién eres supe ya;
Naturaleza	Isaías, caballero eres; tu favor espero que me ampare.

Isaías   Bien está.

Josué   Pasad.

Isaías   Son vanas porfías.

Moisés   Habéis de sentaros, pues
                sabemos cuán clara es
                la nobleza de Isaías.

(Siéntase con ellos.)

Josué   ¿Qué sabéis de este blasón
                que en paterna línea da?

(Lee para sí y dice luego.)

Isaías   Que es tal, que nadie podrá
                contar su generación.

Moisés   ¿Désta?

Isaías   Que son sus honores
                muchos, mas de achaques llenos.

Josué   ¿De achaques?

Isaías   Sí, pero ajenos,
                pues llevó nuestros dolores.

Moisés   Ya que ese aviso a otro llama,
                a una pregunta habéis
                de responder: ¿Qué sabéis
                de pública voz y fama?

Isaías	En cuanto a aqueso, forzoso decir lo que sé será.
Josué	¿Pues qué sabéis?
Isaías	Sé que está reputado por leproso.
Moisés	Pecado en la lepra arguyo.
Isaías	Ya he dicho que él es tan bueno, que hizo propio el que era ajeno y le llevó como suyo.

(Firma y vase, y sale la Culpa con una banda al rostro.)

Inocencia	Aquel testigo que ha entrado, ¿quién es?
Segundo Adán	Bien le he reconocido, pero aunque de mí lo ha sido, quede de otros ignorado.
Gracia	¿Quién será éste?
Naturaleza	Estoy mortal, ni hablarle quiero, ni oír.
Culpa	Lo que yo puedo decir dirá aqueste memorial.

(Deja un memorial sobre el bufete y vase.)

| Josué | Esperad. |

| Naturaleza | Veloz huyó. |

| Josué | Aunque con firma no viene,
veamos lo que contiene
el memorial que dejó. |

| Moisés (Leyendo.) | Sin lustre y sin esplendor,
Adán, en miseria esquiva,
ara la tierra y cultiva
y come de su sudor.
Y siendo este Adán Segundo
hermano de aquel primero,
y su padre un carpintero,
es justo que sepa el Mundo
que aunque da otro ilustre padre
por la otra línea, la humana
Naturaleza es villana,
y ésta le toca por madre. |

| Naturaleza | ¡Ay, infelice de mí!
¿Adónde hallará consuelo
igual dolor? |

(Vase llorando.)

| Gracia | En el cielo,
que ha de apiadarse de ti. |

(Vase.)

| Segundo Adán | Y no es esperanza vana,
pues no tiene otra disculpa, |

	acusada de la Culpa
la Naturaleza humana.
(Vase.)	
Inocencia	A llorar esta injusticia
habré de hacer de aquí ausencia,
que no está bien la Inocencia
adonde está la Malicia.
(Vase.)	
Josué	¿Qué haremos en duda igual
los dos con aquestas nuevas?
Moisés
(Hace un pliego.)	Llevar cerradas las pruebas,
incluso este memorial,
que pues la Gentilidad
y Judaísmo han de vellas,
darán lo que toque de ellas
a una y otra calidad.
Josué	Ya los dos vienen aquí.
(Salen Judaísmo y Gentilidad.)	
Moisés	Estos los méritos son
que de nuestra información
resultan.
Judaísmo	Pues siendo así,
que este uso para después
quedará mientras leamos,
vuestros informes oigamos.

(Leen Judaísmo y Gentilidad para sí.)

Moisés   Sea éste el de Moisés.
                    Yo vi una zarza que ardía
                    y, ardiendo, no se quemaba,
                    en cuya visión estaba
                    aquella gran profecía,
                    que para nuestro consuelo
                    en sí la alta unión encierra
                    de una planta de la tierra
                    con una lumbre del cielo.
                    Y siendo así, que de humana
                    Naturaleza divina,
                    a una línea peregrina
                    se une aquí otra soberana;
                    bien, en una y otra fundo
                    que honrarle debes prudente,
                    pues es digno el pretendiente
                    de los honores del Mundo.

(Vase.)

Josué   Yo vi que a la humana voz
                    de hombre mortal suspendía,
                    creciendo su edad el día,
                    el Sol el curso veloz,
                    que iban dejando sus huellas
                    sombras del que ha de mandar:
                    Sol, Luna y aun llamar
                    por su nombre a las estrellas.
                    Y siendo así que divino
                    y humano Israel le espera,
                    y en la información primera

	uno y otro a probar vino, juzgo que al Adán Segundo el Mundo premiar intente, pues es digno el pretendiente de los honores del Mundo.
(Vase.)	
Judaísmo	Aunque la vida le cueste al que le ha de redimir, yo creo que ha de venir, mas no creo que sea éste, pues no concurren en él de horrores los aires llenos, ni de Isaías los truenos ni los días de Daniel.
Gentilidad	Según eso, y lo que aquí consta de esta información, pocos sus méritos son para la cruz.
Judaísmo	Antes, sí.
Gentilidad	¿Cómo, si del villanaje de Adán le toca el rigor?
Judaísmo	Teniéndola él por honor y nosotros por ultraje, ¿él no dijo que venía a enmendar yerros de Adán trayendo su ansia, su afán, pena, hambre, sed y agonía, de quien pensaba sacar

　　　　　　　　su lustre, honor, fama y gloria,
　　　　　　　　haciendo la cruz victoria,
　　　　　　　　timbre y premio militar?
　　　　　　　　Pues veamos cómo podrá
　　　　　　　　lograr fin tan soberano,
　　　　　　　　si con las notas de humano
　　　　　　　　por oprobio se le da.

Gentilidad　　　Yo, hasta que llegue a tener
　　　　　　　　de lo uno y otro más luz,
　　　　　　　　no le he de poner la cruz.

Judaísmo　　　Pues yo se la he de poner
　　　　　　　　con sola esta información,
　　　　　　　　puesto que resulta de ella,
　　　　　　　　como ya dije, el traella
　　　　　　　　por infamia y por baldón,
　　　　　　　　en voz de honra y calidad.

Gentilidad　　　Mi voto suspendo, puesto
　　　　　　　　que no se ha de oír que en esto
　　　　　　　　vino la Gentilidad.

(Vase.)

Judaísmo　　　Bastará que venga yo.
　　　　　　　　¿Segundo Adán?

(Sale el Segundo Adán.)

Segundo Adán　¿Qué me quieres?

Judaísmo　　　Que pues tan ilustre eres
　　　　　　　　que tu valor mereció

	el premio que te ha traído
	al Mundo, conmigo vengas,
	donde de mi mano tengas
	honor tan esclarecido,
	que de aplausos por tus bríos
	te deje la cruz tan lleno,
	que diga: este nazareno
	es el rey de los judíos.
Segundo Adán	Contigo iré, en claro indicio,
	si a Isaías considero,
	de que voy como el cordero
	sin balar al sacrificio.

(Vase, y sale la Naturaleza llorando.)

Naturaleza	¿Qué consuelo habrá que cuadre
	a tanto dolor? ¿La humana
	Naturaleza es villana,
	y ésta le toca por madre?
	¡Ay, infelice de mí!
	¿Por mí el Sol sin lumbre bella?
	¿Turbia la Luna, la estrella
	mustia, pálido alhelí
	y, el jazmín más transparente?
	¿Por mí sin verdor la oliva?
	¿El pozo sin agua viva?
	¿Sin puro cristal la fuente,
	sin armonÔosa salva
	la luz que los montes dora?
	¿Por mí con llanto la aurora?
	¿Y por mí sin risa el alba?
	¿El claro espejo manchado?
	¿El huerto menos florido?

                    ¿El ciprés desvanecido?
                    ¿El plátano deshojado?
                    ¿El lirio yerto, la flor
                    mustia, ajada la azucena,
                    la rosa de espinas llena
                    y con sombras el candor
                    del rosicler de los días?
                    ¿Mas quién mis penas oyó?
                    ¿Quién vio mis lástimas?

Gracia (Saliendo.)   Yo,
                    que las siento como mías,
                    que al fin sois interesada,
                    Naturaleza, en tu pena;
                    pues la que es de gracia llena,
                    exenta y privilegiada
                    de los contagios de Adán,
                    hay quien diga que ha debido
                    su tributo, y ya que ha sido
                    en el memorial que dan
                    tan mía tu pena, pues
                    María, la gracia explica,
                    y Ana también significa
                    la Gracia, mostrando que es
                    Gracia, e hija de la Gracia,
                    sintamos las dos aquí
                    diciendo ambas.

Inocencia (Dentro.)   ¡Ay de mí!

Gracia   ¿Pero quién nuestra desgracia
                    lamenta también?

Inocencia (Saliendo.)   ¿Quién quieres

| | que llore, que gima y sienta
las calumnias de la Culpa,
Gracia, si no es la Inocencia? |
|---|---|
| Gracia | ¿Pues qué es lo que ha sucedido? |
| Inocencia | Que habiendo visto las pruebas,
aunque la Gentilidad
suspendió su voto en ellas,
el Judaísmo le puso
la cruz; pero de manera
llena de oprobios y agravios,
de ignominias y de ofensas,
que la buscó como honra,
y la llevó como afrenta
a vista de todo el pueblo. |
| Naturaleza | ¿Cómo a despacharle llegan,
puesto que la antigua Ley
aun no ha pasado a la nueva,
sin que esté en la información
la fe de bautismo puesta? |
| Inocencia | Sí está, que Juan se la dio
del Jordán en la Ribera. |
| Gracia | Cédula de comunión,
que también llevar es fuerza,
¿quién se la dio? |
| Inocencia | El otro Juan,
testimonio en una cena
dio, que había comulgado. |

Naturaleza	¿Quién para que más lo sienta le dio los golpes de espada?
Inocencia	La Sinagoga, que, fiera, ensangrentó en él las manos.
Gracia	¿Quién el manto, que antes era, siendo blanca vestidura, de los no capaces seña, le mandó poner?
Inocencia	Herodes.
Naturaleza	¿Y quién le calzó la espuela?
Inocencia	La Apocalipsis, en blanco caballo le vio en la guerra.
Gracia	¿A quién dio por sustituto?
Inocencia	A Pedro.
Naturaleza	De las galeras, ¿quién de la relevación le hizo fianza?
Inocencia	Ésa hicieron Diego y Andrés, a quien el del mar reserva. Y no me preguntéis más, que entorpecida la lengua, formar no puedo razones para que mejor se entienda, que al paso que a él le escarnecen

                        enmudece su Inocencia.

(Vase.)

Naturaleza   ¡Ay de mí!, que yo soy causa
                        de que tanto mal padezca.

Gracia   No te desconsueles, puesto
                        que estas ansias, estas penas
                        han de ser triunfos y glorias,
                        cuando con sus cruces vengan
                        los que, siguiendo la suya,
                        a sus enemigos venzan.

Naturaleza   No me desconsuela, Gracia,
                        el ignorar cuánto sean
                        trofeos estas injurias,
                        aplausos estas violencias;
                        que bien sé que a él no le puede
                        tocar ni aun la más pequeña
                        sombra de culpa, pues cuando
                        su hermosa madre no fuera
                        tan pura, limpia e intacta,
                        ni le obstara, ni pudiera,
                        que es quien es, y fuera error
                        que en la majestad inmensa
                        se presumiera defecto.
                        Lo que a mí me desconsuela
                        no es sino que el grande origen
                        que dio en la línea materna,
                        por haber en sí admitido
                        mi humana Naturaleza,
                        diese lugar a la duda
                        de que a su Madre comprenda

                    la común deuda de Adán;
                    siendo así que el de la deuda,
                    si quiso, pudo librarla;
                    y si pudo, quiso.

Gracia   Espera,
                    que habrá tiempo que esa duda
                    se aclare.

Naturaleza   ¿De qué manera?

Gracia   Pídele al tiempo que corra
                    y en alegórica idea
                    de litigada hidalguía
                    que sus cómputos abrevia,
                    parte a Roma, donde tiene
                    su Cancillería la Iglesia,
                    ante el Alto Tribunal
                    de universal juez presenta
                    el antiguo privilegio
                    de que la segunda Eva
                    pisaría la cerviz
                    de la sierpe, por que puesta
                    contra la tierra la boca,
                    su hermosa planta no muerda.
                    Conque no dudo, a mayor
                    abundamiento, en las pruebas,
                    y no por necesidad,
                    supuesto que tiene puesta
                    ya la cruz que pretendió,
                    se añada después que sea
                    noble por padre y por Madre.

Naturaleza   Si tú me animas y alientas,

	Gracia hermosa, ¿qué haré yo con las alas que me prestas en ir a hacer la demanda?
Gracia	¿No miras, no consideras que Naturaleza y Gracia son aquí una cosa mesma?
Naturaleza	Pues siendo así que a ambas toca el salir con la sentencia, digamos ambas.
Gracia	Y sigan nuestras voces cielo y tierra.
Las dos	Luz, Sol, Luna, noche y día.
Música	Luz, Sol, Luna, noche y día.
Las dos	Allanadme tierra y mar.
Música	Allanadme tierra y mar.
Las dos	Ved que voy a liquidar.
Música	Mirad que va a liquidar.
Las dos	La nobleza de María.
Música	La nobleza de María.

(Repite la Música, y sale la Culpa.)

Culpa y Música	Luz, Sol, Luna, noche y día,

allanad la tierra y mar,
ved que parte a litigar
la nobleza de María.

Culpa   Después de puesta la cruz,
en que logró mi cautela
que sea oprobio y no blasón,
con deseo de que sea
a más honra y gloria suya,
la humana Naturaleza
a litigar de su Madre
la nobleza y la limpieza,
inspirada de la Gracia,
que tan de suya se precia,
a mayor tribunal pasa.
¡Oh, nunca hubiese mi idea
asentado aquel principio,
de que en mística apariencia
de representable objeto
anticipar tiempos pueda
la imaginación! ¡Oh, nunca
reducido (¡ay de mí!) hubiera
alegóricos sentidos
a prácticas experiencias!
Dejárame estar, con que
conciba una Virgen bella
siempre virgen; que la vida
sea batalla o no lo sea;
que el misterioso soldado
vuelva triunfante o no vuelva,
sin que por querer pasar
a examen, añadir tema
perfección a perfecciones,
y excelencias a excelencias.

Por donde pensé cobrarme,
me destruí; mas, ¡ay, necia!,
que si callaran las dudas
no hablaran las evidencias.
Dígalo el que anticipando
edades a edades, vea
no solo que intacta pare,
pero que intacta se engendra,
sin que lo que entonces quise
averiguar, ahora sienta.
Al gran tribunal del cuarto
Sixto. (¿Por cuánto no fuera
cuarto el número que a mí
más católico me ofenda?)
Por la parte que litiga,
siendo abogada ella mesma,
primera sentencia gana
en favor, pues que la aprueba,
no solo a mitad de oficios,
mas tan en todo la acepta,
que entero a la Inmaculada
Concepción, da oficio y fiesta.
Con cuyo primero auto,
aun no (¡ay infeliz!) contenta,
hace que el sexto Alejandro
(¡oh memoria, lo que vuelas;
oh discurso, lo que corres;
oh tiempo, lo que te abrevias!
Hace, digo, que Alejandro
le apruebe, cuando en diversa
edad, Alejandro a Sixto
sucede en la presidencia,
con privilegios tan grandes
(díganlo, pues lo conservan

los archivos de Francisco)
como que el que asiste a ella
del gran Sacramento gane
esas mismas indulgencias.
¿Qué mucho (¡ay de mí!), qué mucho
que con tales preeminencias,
reyes, cortes, tribunales,
ciudades, gremios, escuelas,
cabildos, congregaciones
lo juren? Testigo sea
primero Madrid (mas ¿cuándo
él no hace las consecuencias?),
pues año de cuatrocientos
y veinte y cinco celebra
su festividad, votando
el guardarla y defenderla:
Sebastián lo afirme, pues
el día que se congrega
su Ayuntamiento en nombrarle
guarda del contagio, empieza
votando la Concepción,
como en religiosa muestra
de que el contagio y la Culpa
son casi una cosa mesma.
Y no aquí tu anhelo para
que, añadiendo fuerza a fuerza,
a Trento camina, donde
en Cancillería la Iglesia,
en la sesión en que todos
comprendidos los confiesa,
a ella solamente a salvo
su derecho la reserva.
Pablo quinto, en posesión
la ampara, y al que no prueba

sus exenciones, Gregorio
decimoquinto condena
en las costas del silencio,
mandando que no se atreva
nadie a argüir lo contrario.
Urbano octavo acrecienta
una Orden Militar
de Caballería que tenga
la Concepción por patrona.
Por señas (¡qué ansia!), por señas
de que de la Concepción
Militares Caballeras
fueran las reinas de España,
enviando su venera,
que es la imagen de María
en lámina de oro impresa
y su azul manto a Isabel
Santa Catalina reina.
Y aun no contenta (otra vez
digo) la Naturaleza,
con la posesión de tantos
favorables autos, llega
hasta el Séptimo Alejandro.
Aquí la voz desalienta.
¿Pero qué mucho (¡ay de mí!),
si lo que no diga ella
más dulces voces dirán?
Pues mudando tono y letra,
una y otra vez repiten
los coros del cielo y tierra.

Coro I   ¡Ah, de la esfera del orbe!

Coro II   ¡Ah, de la celeste esfera!

Coro I   Verde cielo de flores y rosas.

Coro II   Azul paraíso de soles y estrellas.

Coro I   ¡Albricias, albricias!

Coro II   ¿De qué alegres nuevas?

Coro I   De que vuelve ufana
                 la Naturaleza,
                 con la información
                 a memoria perpetua.

Coro II   Vuelva norabuena.

Todos   Norabuena vuelva.

Culpa   ¡Oh, malhayan mis oídos!,
                 ¿de qué me sirve que sea
                 serpiente, si no me sirve
                 de que al conjuro me duerma?

Todos   Vuelva norabuena,
                 norabuena vuelva,
                 y al oírlas se alegren,
                 y alégrense al verla.
                 Verde cielo de flores y rosas,
                 azul paraíso de soles y estrellas.

Mundo (Saliendo.)   ¿Qué dulces sonoras voces
                    del sueño al Mundo despierta,
                    en que le tenía su olvido
                    en sombras la vida envuelta?

           Tanto que le da a entender,
           según consolado alienta,
           que es gran dicha la que aguarda,
           que es grande bien el que espera.

(Sale el Lucero, cantando.)

           Y cómo que aguarda,
           y cómo que espera;
           pues espera y aguarda que ufana
           la Naturaleza
           a los ojos hoy vuelva del Mundo
           airosa y contenta;
           con que cielos y tierra se alegren
           al oírla y verla.

Todos   Verde cielo de flores y rosas,
           azul paraíso de soles y estrellas.

Mundo   ¡Oh tú, que segunda vez
           con tus acentos elevas
           al Mundo, como mirando
           acusada la nobleza
           de tu dueño, del Jordán
           armonÔosa sirena,
           festivos himnos entonas,
           en vez de tristes endechas!

Lucero (Cantando.)   Como el pueblo es voz de Dios,
           y Juan la voz de Dios sea,
           bien viene, que en voz del pueblo
           cante Juan y el Mundo atienda.
           Y aun con segunda razón,
           que Juan gracias interpreta,

          y siendo voz de la Gracia,
          es bien la culpa la sienta.
          Adelantar pretendió
          en alegórica idea
          los siglos, mas como áspid
          murió a su ponzoña mesma,
          pues queriendo deslucir
          honores y preeminencias,
          de villana motejó
          toda la Naturaleza.
          Ella, no en común por sí,
          sino por una alta prenda,
          en quien no cupo la Culpa
          por estar de gracia llena.
          Auto en favor ha sacado
          de nobleza y de limpieza;
          con que queda enriquecida,
          diciendo en voces diversas.

Coro I   ¡Ah, de la esfera del orbe!

Coro II   ¡Ah, de la celeste esfera!

Coro I   ¡Albricias, albricias!

Coro II   ¿De qué alegres nuevas?

Coro   De que vuelva ufana
                 la Naturaleza,
                 con la información
                 a memoria perpetua.

Todos   Vuelva norabuena,
                 norabuena vuelva,

                y al oírla se alegren,
                y alégrense al verla.
                Verde cielo de flores y rosas,
                azul paraíso de soles y estrellas.

(Vase el Lucero con esa repetición.)

Culpa   Oye, escucha, espera, aguarda,
                donde la Naturaleza,
                reduciendo a instantes breves
                hoy edades casi eternas,
                con aqueste triunfo está
                tan alegre y tan contenta.

(Con música ábrese un carro, que será un jardín lleno de ángeles, con los atributos de NuestraSeñora, y entre ellos la Naturaleza en elevación.)

Naturaleza   En el nuevo paraíso
                de este jardín, donde vueltas
                a su primer esplendor
                mira el Sol sus luces bellas,
                su mejor lleno la Luna,
                su mejor norte la estrella,
                la aurora su dulce risa,
                el alba lágrimas tiernas,
                su listado iris la rosa,
                su blanco albor la azucena,
                el lirio su enamorado
                color, su no macilenta
                palidez el alhelí,
                la palma su copa excelsa,
                su verdor ciprés y oliva,
                el espejo su pureza,
                sus aguas vivas el pozo

	y, en fin, las fuentes sus perlas;
	por que vuelva ufana
	la Naturaleza.
Música	Por que vuelva ufana
	la Naturaleza.
Ella y música	Con la información
	a memoria perpetua.
Culpa	¿Qué información?
Naturaleza	La de aqueste
	edicto.
Culpa	En suma, ¿qué encierra?
Naturaleza	Si lo he de decir en suma,
	oye, que de esta manera
(Leyendo.)	dice: El séptimo Alejandro,
	ad memoriam rei perpetuam;
	la grande solicitud
	de la católica Iglesia,
	y ante todo ser de Dios
	voluntad y providencia,
	demás de la vigilancia,
	que evitar nos aconseja
	por el pastoral oficio,
	y la obligación y deuda
	en que nos pone el haber
	de estar en continua vela,
	escándalos entre fieles,
	discrímines y contiendas,
	porfías y disensiones,

que es necesario que vengan
a causa de aquesta frágil
corruptible masa nuestra.
Principalmente en cuestión
tan controvertida, acerca
de si fue en primer instante
María, divina y bella
de su concepción, en Culpa,
o comprendida o exenta,
determinamos (aquesto
en cuanto al culto se entienda),
a instancias y persuasiones,
siempre al sacro celo atentas
de Filipo, rey de España
y su católica reina:
en voz de Luis, su legado,
Antístite de Palencia,
que él rezó, y fiesta que guarda
y que ha guardado la Iglesia,
por nuestros antecesores
establecidos en ella,
y la sesión del concilio,
que su derecho reserva;
en loor de la Concepción
Inmaculada se entienda,
que entonces fue su intención,
como ahora lo es la nuestra,
celebrarla y venerarla,
reverenciarla y tenerla,
de la Culpa original
libre, pura, intacta, ajena,
desde aquel primero instante
de su animación primera.
Primera infusión del alma,

              preservada como llena
              de gracia en los infinitos
              méritos de Cristo, pena
              de que el que así no lo siga,
              en pública o en secreta
              cuestión, o en conversación,
              por vía de conferencia
              o de argumento, sea incurso
              en censuras y sentencias,
              de que nuestra sede así
              la absolución se reserva.
              Mandando como mandamos,
              que de la opinión opuesta
              los libros que en cuanto al punto
              de que haya sido y que sea
              la intención dar al instante
              el culto y la reverencia
              se opusieren se corrijan,
              y que quede esta materia
              tan en perpetuo silencio
              que ser castigado pueda
              el que a nuestro edicto haga
              repugnancia, o resistencia
              por tribunales de fe,
              como reo, y...

Culpa   Cesa, cesa,
              no prosigas, no prosigas,
              que al oírlo el pecho tiembla,
              el corazón se estremece
              y se entorpece la lengua.

Naturaleza   Aunque tú me atajes, Culpa,
              no estorbarás que lo sepa

                              el Mundo, que ya lo oyó.

(Ciérrase la apariencia.)

Mundo   Y con alegría tan nueva
                    que no ve la hora felice
                    que tiempo tras tiempo venga,
                    en que sea ejecutoria
                    la información, que a perpetua
                    memoria es hoy.

Inocencia (Saliendo.)   Sí, verás:
                    y en tanto que esa edad llega,
                    vuelve los ojos a ver
                    cuánto, ¡oh Mundo!, tus diversas
                    naciones con este edicto
                    se regocijan y alegran;
                    pues no hay comunidad
                    que no esté de gala y fiesta,
                    haciendo voto a su culto.
                    Y pues que de todas ellas
                    las Órdenes Militares
                    son más cercana materia,
                    según el asunto de hoy,
                    vuelve a ver cómo celebran
                    capítulo general,
                    siguiendo todas a aquella
                    cruz de Cristo, con sus cruces
                    cada una, de manera
                    que, a más honra y gloria suya,
                    es ya triunfo el que fue afrenta;
                    o díganlo aquellas voces,
                    que una y otra vez alientan.

Música	La Cruz que al Adán Segundo
afrenta a la espalda fue,
ya abrazado a ella se ve
ser al pecho honor del mundo.

(Con esta repetición sale el Segundo Adán con manto capitular y hábito de Cristo. El Lucero, con manto negro y cruz blanca de San Juan. Diego, con manto y cruz de Santiago. Benito, con manto y cruz de Calatrava. La Naturaleza, con manto y cruz de Montesa. Bernardo, con manto y cruz de Alcántara. la Gracia, con manto azul e imagen de la Purísima Concepción bordada en él.)

Mundo	¡De tan nuevo visto auto
admirado estoy!
Segundo Adán	Cualquiera
tome su cruz, y me siga.
Y que no le diga, advierta
que tome la mía; porque
sé que para ella no hay fuerzas.
Y mi yugo es tan suave
que a nadie el poder violenta,
y con llevarla que puede,
cumple conmigo, y con ellas.
Lucero	Yo sobre este negro manto
esmalté esta blanca seña,
en fe de que va la luz
desterrando las tinieblas;
pues solamente hasta Juan
duraron ley y profetas.
Diego	Yo, que el primero bebí
tu cáliz, el lugar tenga

	primero en la antigüedad
de la militante escuela
de la Caballería.
Benito	Cuando
en ti la fe resplandezca
por los mártires, en mí
por los confesores esta
roja cruz, fuego de amor;
pretende la preeminencia,
siendo por la Caridad
de tantos como en su Regla
darán la vida por Ti,
Benito quien la presenta.
Bernardo	Bien; como por la Esperanza
hoy de los prelados llega
Bernardo con esta verde
cruz, que su esperanza alienta.
Gracia	Como a mí de ésta el honor.
Naturaleza	Como a mí el aplauso de ésta.
Segundo Adán	¿Qué cruz tomaste tú, Gracia?
¿Qué cruz tú, Naturaleza?
Gracia	Como es María, Señor,
de Nazareth montañesa,
y siempre Gracia y María
han sido una cosa mesma,
sincopado el nombre, traigo
la ilustre cruz de Montesa,
como patronato suyo.

Naturaleza	Yo, en la misma consecuencia, viendo cuánto noble hoy la Naturaleza queda, solo con haber tenido en sí tan divina prenda, de Paulo el caballerato, como emperatriz y reina del orbe, tomé en la insignia que este manto azul ostenta; con que no podrá la Culpa estorbarme, Gracia bella, ya tu abrazo.
Culpa	Sí podrá, pues contra toda esa excelsa majestad, toda esa pompa, arguyo de esta manera. En primer instante, cuando yo sí. ¡Qué rabia! ¡Qué pena! ¿En primer instante?
Segundo Adán	Di.
Naturaleza	Prosigue.
Gracia	No te suspendas.
Lucero	Habla.
Diego	Articula.
Benito	Pronuncia.

Bernardo	Arguye.
Inocencia	Mueve la lengua.
Todos	¿Qué ibas a decir?
Mundo	Absorta, muda, confusa y suspensa quedó la Culpa.
Inocencia	Que no puede hablar, dice por señas.
Segundo Adán	Furiosa el pecho se rasga.
Naturaleza	El corazón, loca y ciega se despedaza.
Gracia	Las manos tuerce; aunque gime, no alienta.

(Vase la Culpa, haciendo los extremos que dicen los versos.)

Unos	De sí las plumas arroja, de sí los libros desecha.
Mundo	Y huyendo va, por que a mí en ventura como ésta, del pavón de mi fortuna la pompa me desvanezca.
Segundo Adán	Antes por esta ventura la desvanecida rueda debiera abatir.

Mundo   ¿Por qué?

Segundo Adán   Porque no es esta materia
               para el desvanecimiento,
               sino antes para la enmienda.
               En hacimiento de gracias,
               de tanto honor como llegas
               a ver, sin hacer aprecio
               de vanidades tan ciegas
               como el Judaísmo, frío
               cadáver que representa
               dentro de su seno, donde
               deshecho se manifiesta.

(Ábrese el pavón y vese el Judaísmo vestido de cadáver.)

Judaísmo   ¿Es verdad que esta exterior
               pompa del mundo en sí encierra
               de mis desvanecimientos,
               Mundo, las mortales señas?
               Y así, a vista de la cruz,
               que ya es honra siendo afrenta,
               y en triunfo de María,
               que ha de ser su vida eterna,
               no busques tú aplauso en mí.

Mundo   ¿Pues en quién?

(Ábrese el pelícano y vese dentro una hostia y cáliz y la Gentilidad.)

Gentilidad   En la clemencia del
               pelícano, que el pecho
               por sus hijos se ensangrienta,

| | siendo ave militar
de la roja insignia bella,
que con este Pan y Vino
tantas familias sustenta.
Y pues la Gentilidad,
que admitió su fe, heredera
es de su viña y sus frutos,
ya como suyos dispensa.
Venid a cobrar las costas
que le han causado en las pruebas
del nuevo Adán, que en la cruz
pagó del otro la deuda. |
|---|---|
| Todos | Pues dando al cielo las gracias,
diga en su aplauso la tierra. |
| Música | Cobre lenguas y plumas la gracia bella,
pues perdió la Culpa plumas y lenguas. |
| Segundo Adán | Y pues queda ufana
la Naturaleza. |
| Gracia | Con la información
a memoria perpetua. |
| Naturaleza | El perdón pidiendo
de faltas nuestras. |
| Inocencia | En nombre de quien
serviros desea. |
| Mundo | Repitamos todos,
en voces diversas. |

Todos y Música   Cobre lenguas y plumas
la Gracia bella,
pues perdió la Culpa
plumas y lenguas.

Libros a la carta
A la carta es un servicio especializado para
empresas,
librerías,
bibliotecas,
editoriales
y centros de enseñanza;
y permite confeccionar libros que, por su formato y concepción, sirven a los propósitos más específicos de estas instituciones.
Las empresas nos encargan ediciones personalizadas para marketing editorial o para regalos institucionales. Y los interesados solicitan, a título personal, ediciones antiguas, o no disponibles en el mercado; y las acompañan con notas y comentarios críticos.
Las ediciones tienen como apoyo un libro de estilo con todo tipo de referencias sobre los criterios de tratamiento tipográfico aplicados a nuestros libros que puede ser consultado en Linkgua-ediciones.com.
Linkgua edita por encargo diferentes versiones de una misma obra con distintos tratamientos ortotipográficos (actualizaciones de carácter divulgativo de un clásico, o versiones estrictamente fieles a la edición original de referencia).
Este servicio de ediciones a la carta le permitirá, si usted se dedica a la enseñanza, tener una forma de hacer pública su interpretación de un texto y, sobre una versión digitalizada «base», usted podrá introducir interpretaciones del texto fuente. Es un tópico que los profesores denuncien en clase los desmanes de una edición, o vayan comentando errores de interpretación de un texto y esta es una solución útil a esa necesidad del mundo académico.
Asimismo publicamos de manera sistemática, en un mismo catálogo, tesis doctorales y actas de congresos académicos, que son distribuidas a través de nuestra Web.
El servicio de «libros a la carta» funciona de dos formas.
1. Tenemos un fondo de libros digitalizados que usted puede personalizar en tiradas de al menos cinco ejemplares. Estas personalizaciones pueden ser de todo tipo: añadir notas de clase para uso de un grupo de estudiantes,

introducir logos corporativos para uso con fines de marketing empresarial, etc. etc.
2. Buscamos libros descatalogados de otras editoriales y los reeditamos en tiradas cortas a petición de un cliente.

www.ingramcontent.com/pod-product-compliance
Lightning Source LLC
Chambersburg PA
CBHW051348040426
42453CB00007B/464